QUELQUES JOURS

A WIESBADEN.

> Le Roi de France qui remontera sur le trône de ses ancêtres, n'aura certainement pas l'envie de commencer par des abus.
>
> (DE MAISTRE, *Considérations sur la France,* Chap. X.)
>
> Ne croyez pas que Dieu laisse les peuples se rebeller contre lui des siècles entiers.
>
> Le peuple, au bout d'un certain temps, est presque toujours équitable...
>
> (Mᵐᵉ DE STAEL: *Considérations sur la révolution Française.*)

LYON.

IMPRIMERIE DE DUMOULIN ET RONET, LIBRAIRES,

Rue St-Côme, 6, au 1ᵉʳ étage.

1850.

QUELQUES JOURS

A WIESBADEN.

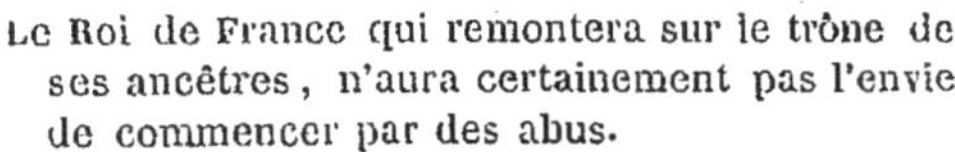

> Le Roi de France qui remontera sur le trône de ses ancêtres, n'aura certainement pas l'envie de commencer par des abus.
>
> (DE MAISTRE, *Considérations sur la France* Chap. X.)
>
> Ne croyez pas que Dieu laisse les peuples se rebeller contre lui des siècles entiers.
> Le peuple, au bout d'un certain temps, est presque toujours équitable...
>
> (Mme DE STAEL. *Considérations sur la révolution Française.*)

LYON.

IMPRIMERIE DE DUMOULIN ET RONET, LIBRAIRES,

Rue St-Côme, 6, au 1er étage.

1850.

Le voyageur qui a écrit ces rapides et simples pages, ayant appris, à son retour de Wiesbaden, qu'elles avaient été lues avec l'intérêt qu'excite un nom cher et vénéré, les a rassemblées pour satisfaire à l'empressement de ceux qu'anime la même pensée du cœur. Il a été heureux, puisqu'il n'avait pu partager son bonheur avec eux, de leur faire du moins partager ses impressions.

Le voyageur ne fait pas d'apologie pour cette modeste publication. L'opinion de ceux qui, n'étant nullement entraînés par le sujet lui-même, y chercheraient quelque autre mérite, cette opinion lui est trop indifférente pour qu'il prenne la peine de se justifier devant elle. Là n'est pas *son public ;* mais il est sûr de trouver le chemin du cœur de ceux auxquels il s'adresse : tout ce qui part du cœur sait y arriver.

Voltaire (ce nom ne semble-t-il pas ici assez étrangement placé?), Voltaire, appelé à rendre compte d'un ouvrage, traça ces simples mots : *Bon*, *beau*, *admirable*, *parfait*. Celui qui a écrit ces pages aurait pu adopter cette courte analyse pour résumer tout ce qu'il avait à dire.

Doit-il demander pardon à *son public* de ne s'être pas borné là?

QUELQUES JOURS A WIESBADEN.

Wiesbaden, 26 août.

Arrivé depuis trois jours à Wiesbaden, j'aurais voulu pouvoir classer mes impressions avant de vous en rendre compte, peut-être le ferai-je plus tard. Mais j'éprouve dès à présent le besoin de vous transmettre mes pensées pêle-mêle ; c'est comme un premier cri du cœur que je vous envoie. Ne regardez pas à la forme, que la précipitation avec laquelle je vous écris ne me permet pas de soigner ; mais au fond, qui intéressera votre dévouement. Ce que j'avais entendu dire sur le charme et la fascination du regard de notre Henri, le récit des impressions subies en sa présence, me semblaient quelquefois être comme une flatterie sincère de cœurs dévoués. Mais aujourd'hui, je vous le dis en toute vérité, l'imagination la plus prévenue en faveur de notre prince, trouve encore à le voir des jouissances inattendues, et l'esprit le plus malveillant sent ses préventions s'évanouir comme les glaces fondent aux rayons du soleil. Son front serein, que n'ont jamais sillonné les passions mauvaises, son regard radieux de vérité, produisent une sorte d'apaisement à ceux qui l'approchent agités et troublés ; en le voyant on croit à son avenir, il semble qu'ouvrant le livre des destins de la France, on y lit les mots : *Espoir et Retour*. Mais c'est surtout en causant avec lui que ces vagues impressions se changent en une sorte de certitude. Je n'ai pu , à la vérité, en juger par moi-même, ayant seulement recueilli de sa bouche ces paroles gracieuses, aimables, pleines d'un charmant à-propos, mais qui , tout en annonçant la bienveillance du cœur et la grâce de l'intelligence, ne sauraient révéler les qualités nécessaires au Messie futur de la France ; et je ne veux pas imiter Mme de Sévigné écrivant : *Le Roi m'a parlé ; c'est un bien grand Roi* ! Mais mon opinion sur les heureuses certitudes, résultant de graves causeries faites avec lui, est le reflet de l'opinion des hommes sérieux , habiles aux appréciations, qui l'ont approché. Tous disent que son esprit, revêtu de contours arrêtés (si l'on peut s'exprimer ainsi), dénote une nature fortement trempée; à mesure qu'il lui est devenu nécessaire d'avoir une opinion nette et définitive sur les hommes et sur les choses, il a montré que s'il avait dû taire jusques ici ses idées , il avait su les former et les fixer sur des bases solidement établies. Dans plusieurs circonstances ayant été mis en demeure, en ces derniers temps , de s'expliquer sur différents systèmes , il l'a fait avec une fermeté qui a étonné les hommes venus plutôt dans le but de lui imposer leur opinion que de s'enquérir de la sienne, et , partant, de s'y soumettre ; l'énergie de son caractère n'est mise en doute par aucun de ceux qui l'approchent journellement. Cette voie lui est d'ailleurs facile ; car la faiblesse et la tergiversation viennent des positions fausses , contradictoires , et des démentis que l'on craint de se donner à soi-même. Mais le caractère , la vie, la position de M. le comte de Chambord portent un cachet d'unité qui aplanit pour lui les difficultés contre lesquelles d'autres se briseraient nécessairement.

Rien n'est plus aimable que sa manière d'être avec les hommes dont il a reçu des preuves de dévouement ; mais cette manière devient presque amicale quand il s adresse à M. Berryer. Il règne alors dans tout son air comme une sorte de déférence digne et confiante, que l'on sent être une révélation de sa pensée intime. Il assistait vendredi à un concert donné en son honneur; M. Berryer était à sa droite, M. le duc de Noailles à sa gauche; il avait ainsi placé l'aristocratie de l'intelligence avant et au-dessus de l'aristocratie de la naissance. Il était touchant de voir ce jeune roi exilé, auprès de l'homme qui depuis vingt ans consacre à la défense de sa cause le trésor de son intelligence, sans se laisser dominer par aucune crainte ou rebuter par certains obstacles, quoiqu'il ait pu dire bien des fois, comme le cardinal de Retz, *qu'il est souvent plus facile de triompher de ses ennemis que de ses amis.* Plusieurs députations d'ouvriers, étant venues chercher au loin leur roi, en ont reçu l'ordre d'observer la plus extrême prudence, la discipline la plus sévère, et comme pour s'assurer que son nom ne servira jamais de prétexte aux troubles et aux agitations du pays, le prince leur a dit : « Suivez toujours les bons conseils de MM. Berryer, de Saint-Priest, etc. »

Je ne vous répéterai point ce qui a déjà été dit sur le concours des Français qui arrivent ici de toutes parts, sur la façon dont le prince les accueille sans distinction de rang. Il n'existe autour de lui d'autre étiquette que celle imposée par le respect qu'inspire sa personne. C'est la royauté franchissant la distance, plutôt encore pour élever le peuple jusques à elle que pour se confondre avec lui.

Mais si je ne veux pas vous donner des détails qui vous ont été transmis, je veux cependant vous parler de la fête de saint Louis, célébrée hier à Wiesbaden, comme elle l'était jadis en France; je veux que vous sachiez les toasts portés à dîner dans tous les hôtels par tous les Français avides d'oser répéter un cri devenu séditieux dans notre malheureuse patrie; je veux surtout que vous vous représentiez (et j'aurais dû commencer par là) les prières offertes à l'église catholique dans une même pensée de désir et d'amour. Le soir, trois cents personnes étaient chez le prince. Avez-vous jamais vu une fête de famille, alors que les vœux les plus ardents se concentrent sur un enfant adoré ou sur un père respecté? Avez-vous vu comme alors tous les regards se dirigent, chargés d'amour, vers l'être que l'on voudrait envelopper de son âme. C'est le spectacle qu'offraient hier les salons de M. le comte de Chambord; chacun voulait un regard, une parole de lui, et chacun l'obtenait ; car il possède l'art admirable de satisfaire les dévouements les plus exigeants comme les susceptibilités les plus jalouses. Si quelque chose avait pu détourner l'attention concentrée sur un point unique, c'est la présence de M. de Salvandy dans les salons du prince. Je ne saurais aujourd'hui satisfaire votre curiosité à ce sujet ; il m'est bon, sans doute, de parler de notre prince, mais il m'est encore plus doux de le voir , et je vous quitte pour aller chercher sa présence. Nous sommes tous ici comme des malades qui, ayant quitté des régions glacées où la vie s'arrête, pour venir chercher le soleil, ne veulent pas perdre un seul de ses rayons.

Wiesbaden, 28 août.

Je vous disais l'autre jour que les préventions les plus enracinées s'évanouissent sous l'influence de la parole et du regard de notre prince. Il n'est pas de jour où l'on n'en cite quelques nouveaux exemples, èt presque chacun de nous *a son converti...* Je quitte à l'instant un de mes amis de cœur, et non d'opinion politique, venu ici sur ma très-instante prière, poussé d'ailleurs qu'il était par cette pensée investigatrice qui porte à fouiller au cœur du prince comme dans le secret qui renferme celui de l'avenir. Il sortait d'un entretien particulier avec M. le comte de Chambord ; et, parlant de lui, il ne tarissait pas d'éloges, à travers lesquels je démêlais une profonde surprise, tant le prince est méconnu, tant on est parvenu à dénaturer ses intentions et sa pensée. L'humble voyageur n'avait pas craint d'exposer ses idées au prince avec une respectueuse liberté (bien qu'il eût peut-être à redouter qu'elles ne lui parussent quelque peu avancées), et le prince n'avait pas dédaigné de donner un rapide aperçu des siennes à l'humble voyageur. *Si Dieu m'appelle à régner*, lui avait-il dit en terminant cet entretien, *mon intention n'est pas de régner par une seule classe.*

Cet ascendant, exercé sur les esprits les plus haut placés dans l'ordre intellectuel, se fait également sentir sur les natures moins favorisées. Permettez-moi de vous conter une petite anecdote qui vient à l'appui de cette idée. Et d'abord, je vous dirai qu'à Wiesbaden tous les Français qui se rencontrent se parlent, causent ensemble et s'entendent sans se connaître ; ils savent qu'ils viennent ici dans une même pensée; et cela suffit pour établir entre eux la véritable fraternité, celle du cœur. Le nom d'Henri est entre eux comme un signe de ralliement, et tous les cœurs semblent se tenir par une même chaîne électrique qui vibre par la même impulsion. Hier donc, je trouvai dans la salle des repas un voyageur dont la mise, l'embonpoint et la tournure annonçaient les plus vulgaires habitudes; il s'était pris de querelle avec un garçon de l'hôtel, et lui adressait, en français, des injures auxquelles celui-ci répondait sans doute sur le même ton; il était question d'un échange de monnaie, et, m'étant approché d'eux, je parvins à éclaircir l'erreur et à apaiser la querelle.

J'adressai alors au voyageur la question habituelle : « Vous êtes, sans doute, venu voir le prince? » — « Oui, je suis venu le voir passer, » me répondit le voyageur sur un ton brusque et de mauvaise humeur. — Le voir passer! vous m'étonnez! Comment peut-on se contenter de le voir passer, lorsqu'il est si facile de l'approcher et de lui parler? — J'étais parti dans cette intention, mais chacun s'est moqué de moi sur la route quand je l'ai dit. On assure qu'il faut au moins descendre du roi saint Eloi pour arriver jusqu'à lui, et qu'un simple marchand n'y saurait parvenir. » Je souris de la confusion faite dans la tête du bonhomme, entre saint Eloi et Dagobert dont on lui avait probablement parlé; mais je repris d'un ton sérieux : L'on vous a trompé, et vous pourrez aisément être admis auprès du prince. — J'en ai été découragé; hier, à table d'hôte, il y avait des messieurs fort instruits, des commis-voyageurs; çà parle comme des livres. L'un d'eux a raconté que, l'an dernier, passant dans une ville où se trouvait le comte de Chambord, il avait pensé qu'étant fils d'un huissier, il pourrait l'approcher aussi bien qu'un autre. Savez-vous ce qu'on lui avait demandé ? *Combien il avait de quartiers ?* Il a joliment bien répondu, le farceur ! « Monsieur, avait-il dit, je n'en ai qu'un, c'est celui de mon soulier... »

Et le gros individu de rire au souvenir de ce charmant propos...

Je lui assurai que tout cela n'était que ridicules mensonges, et qu'il ne tenait qu'à lui d'en juger à l'instant même.

Enfin, je lui indiquai les moyens d'être reçu par celui qu'il était venu chercher si loin, et qui a toujours admis avec tant de plaisir tout bon Français en sa présence. Ce matin, j'étais assis à la même table, lorsque mon protégé est entré, la voix plus haute encore que de coutume, le teint plus coloré, tenant un autre individu par le bras et le secouant violemment. *Quand on veut dire des choses comme çà, monsieur, on reste chez soi. Si vous n'avez pas vu le roi, c'est que vous ne l'avez pas voulu voir. Il m'a reçu ; il m'a parlé, à moi, simple marchand.* Et là-dessus, l'excellent homme de pleurer d'aise et de raconter les détails de cette entrevue où notre prince avait laissé venir à lui nombre de Français *affamés de voir un roi,* comme le disait jadis un autre Henri. Le nouvel arrivant ayant encore voulu élever quelques doutes, je crus que mon protégé allait, par le moyen le plus direct, l'empêcher de continuer à parler. Je lui suggérai tout bas la pensée de le conduire auprès du roi comme il y était allé lui-même. Et je me retirai, sûr que le jour ne finirait pas sans qu'un nouvel aveugle n'ouvrit les yeux à la lumière.

Il serait bien temps, en vérité, qu'on en finît avec tant

d'absurdes accusations dirigées (dans nos provinces surtout) contre *l'entourage* du Prince. Gracieux et affables, loin de chercher à le dérober aux empressements des Français, ceux qui l'entourent sont heureux de cet empressement et le favorisent autant qu'il est en eux. M. le duc de Lévi, qui semble n'avoir pas d'autre étude que de *se faire pardonner* (puisqu'il faut en ce temps-ci s'exprimer de la sorte) l'ancienneté de sa naissance et son titre, qui le placent si haut dans la hiérarchie sociale ; M. de Barande, d'esprit aimable et de cœur bienveillant, auquel on s'attache comme à un ami, lors même qu'on n'est encore pour lui qu'une simple connaissance ; tous ceux enfin qui ont l'heureuse mission d'être les intermédiaires entre le prince et ses fidèles serviteurs, se font un bonheur de rendre son accès facile.

Je veux, en terminant, vous faire encore une observation, portant sur une circonstance qui semble, au premier abord, n'avoir aucune importance et que j'ai trouvée cependant digne de remarque. Rien n'est insolent, dit-on, comme les laquais de nos grandeurs modernes. Tout en se disant ce que disait une femme qui s'y entendait : *Je ne les crains pas, tant qu'ils sont laquais,* l'on ne peut s'empêcher d'être choqué de ce ton arrogant, qui semble n'être qu'un reflet ou une imitation. Au contraire, chez M. le comte de Chambord, dont les serviteurs auraient, peut-être, quelque raison de plus pour se croire en bonne maison, il n'est pas jusqu'au moindre valet de pied qui n'ait envers les étrangers ces allures respectueuses, indices des égards que le prince a pour tous et du respect qu'il garde lui-même pour la dignité de l'homme.

Plusieurs personnes, ayant donné au comte de Chambord

le titre de *sire* et de *majesté*, ont été averties que le prince ne voulait pas qu'il en fût ainsi. Apparemment il trouve qu'il y a temps pour tout..... Mais en revanche, les Allemands, empressés qu'ils sont de plaire aux Francais, ne leur parlent jamais que *du roi*. Son nom sert même quelquefois de piége. Hier soir un brave Allemand me suivait insistant fortement pour me faire prendre des billets de concert, et employait toutes les ressources du plus étrange des baragouins pour me persuader; ne pouvant vaincre mes refus, il finit par me dire : *Le Roi, il y va.* Bien que je susse parfaitement qu'il n'en était rien, mon premier mouvement fut cependant de tendre la main, si grand est l'entraînement que fait éprouver le nom qu'il avait prononcé.

Les domestiques français ont témoigné le désir de pouvoir dire en retournant en France que le prince avait daigné leur adresser la parole; je souriais même en entendant l'autre jour une brave fille, aux joues rebondies, à la taille petite, large et carrée, annoncer l'intention de se revêtir des habillements de sa maîtresse (grande femme de tournure élancée) afin que le Prince lui adressât la parole... Point ne vous est besoin de déguisement, à vous qui portez un bon cœur de bon Français. Le comte de Chambord , ayant eu connaissance du désir de ces excellentes gens , a saisi un jour de réception où tous étaient dans les antichambres, et, sortant des salons, il a parlé à la plupart d'entre ceux qui se sont trouvés là.

Les moindres paroles du comte de Chambord sont écoutées, recueillies , et toutes ont un retentissement assuré dont un esprit moins naturel que le sien serait embarrassé; mais on sent que cette idée ne le préoccupe point et ne se présente jamais à lui comme une gêne. Il dit ce qu'il croit devoir dire, ou comme indications, instructions, ordres, pour ceux qui l'écoutent, ou simplemeut pour faire plaisir à la personne qu'il honore de son entretien ; il ne vise point à l'effet, et c'est peut-être pour cela qu'il ne manque jamais d'en produire ; sa parole est simple comme tout le reste de sa personne ; c'est le bon sens fait Roi ! Doué d'une prodigieuse mémoire, il n'oublie rien de ce qu'il dit et de ce qu'on lui a dit. Je lui ai entendu répéter mot à mot une conversation qu'il avait eue il y a bien des jours, et cependant il en avait eu tous les jours un nombre infini d'autres qui auraient dû lui faire perdre le souvenir de celle-là.

Wiesbaden, 29 août.

Interrompu dans ma lettre d'hier, je ne pourrai en reprendre les détails, troublé que je suis par la tristesse de ce jour ; nous venons de faire nos adieux à notre Henri.

Dans toutes les nobles amours, il est des abîmes de joie ou de douleur que le cœur ne peut sonder d'avance. Quelque heureux que je fusse en arrivant ici, je n'avais cependant pas mesuré toute l'étendue du bonheur que j'éprouverais en voyant notre prince.

Mais si je n'avais pas pressenti tant de joie, je n'avais pas non plus sondé le côté douloureux de ce pélerinage du dévouement ; c'est à cette heure qu'il m'est révélé. En quittant notre bien-aimé prince, j'aurais voulu tout-à-la fois le bénir comme l'enfant de la France, et recevoir sa bénédiction comme celle du père de la patrie. Trop de respect m'empêchait de lui laisser voir mon émotion; trop d'amour m'empêchait de la réprimer complétement. Et puis ne voyais-je pas son frais sourire voilé de tristesse depuis qu'il reçoit les adieux de ceux qu'il aime et qui l'aiment. Son cœur tout français souffre, alors qu'il voit ses amis regagner la patrie, tandis que à la même heure il va s'en éloigner plus encore. Oh! c'est la France qu'il regrette, mais non la couronne de France; il le disait, il y a peu de jours: *l'accepter ne serait pour lui que l'accomplissement d'un devoir.*

Wiesbaden, 30 août.

Je croyais vous avoir dit adieu, mais comment résister au désir de vous associer à l'émotion de cette journée? Hier soir l'on répandit le bruit que le prince faisait dire le lendemain une messe pour le repos de l'âme de Louis-Philippe, *et qu'il désirait que tous les Français y assistassent.* C'était là un ordre sacré. Sans doute, il a trouvé plusieurs d'entre nous au dépourvu de générosité; mais quelles répugnances ne seraient surmontées en présence d'un si noble exemple? Comment résister au désir du prince? comment ne pas se laisser entraîner par le noble mouvement qui l'avait dicté?

Ce matin, 9 heures allaient sonner, les cloches tintaient de leur son le plus lugubre, quand la grande et belle église de Wiesbaden, tendue de noir, a vu de tous côtés les Français accourant pour y prendre place. Que veulent ces femmes en deuil? Que prétendent-ils ces hommes à la démarche grave, au pieux maintien? Tous, sur l'ordre d'Henri de France, s'empressant à venir prier pour celui qui prit le nom de *roi des Français*, c'est un étrange et touchant spectacle qui ne sortira jamais de ma mémoire.

Cependant la foule recueillie semble attendre, et les yeux se tournent à chaque instant vers le grand portail de l'église; neuf heures sonnent, Henri paraît entouré des fidèles serviteurs qu'il nomme ses amis, il s'avance; il va se placer au premier banc de l'église, en tête de la foule émue; il est là, seul, en avant, comme pour nous donner l'exemple de la prière, comme pour nous offrir le plus noble des enseignements.

Qui de nous, en cet instant, n'est descendu en son cœur pour y faire l'immolation de ses propres ressentiments et n'a joint son sacrifice, afin de lui donner quelque prix, au sacrifice dont nous étions témoins? Le prêtre monte à l'autel, Henri est à genoux et l'on voit à son recueillement que l'entretien de la miséricorde est commencé.... Henri prie pour celui qui n'est plus; il répand sur lui les bénédictions du pardon.... il semble que les cieux émus doivent s'entr'ouvrir pour contempler ce spectacle.

Le plus profond silence règne dans l'église; on retient ses larmes, on retient son haleine, comme si l'on craignait d'interrompre un colloque divin; rien ne peut rendre la noble expression empreinte sur la figure de l'enfant de nos rois; placé près de lui, je le contemplais du cœur et des yeux, quand un rayon du soleil tombant sur sa chevelure dorée, est venu entourer son front d'une sorte d'auréole; j'ai cru voir descendre parmi nous l'ange des miséricordes...

Le saint sacrifice a fini comme il avait commencé, dans

une émotion pleine de recueillement, et me retirant, j'ai
dit: « Seigneur, souvenez-vous de David, et de sa patience
« au milieu de ses afflictions; » et une voix s'est fait entendre en mon cœur qui répondait: « J'ai trouvé David,
« mon serviteur, et je l'ai sacré d'une huile sainte; j'éten-
« drai son empire sur les mers et sa domination sur les
« fleuves; j'établirai sa race pour toujours. *(Psaumes de
David.)*

Carlsruhe, 1er septembre 1850.

Forcé de m'arrêter dans ma route, j'ai trouvé, en la
continuant, un voyageur qui m'a transmis quelques détails sur le départ du prince, et je ne peux résister au
désir de vous les communiquer. Mais laissez-moi d'abord
vous donner une idée de la préoccupation de tous les pélerins de Wiesbaden. Sur un long parcours du chemin
de fer, près de Francfort, dans un moment où le convoi
qui m'emmenait se trouvait lancé avec une effrayante rapi-
dité, une secousse se fait sentir; le convoi s'arrête, les
voyageurs descendent. Un grave accident avait failli arriver; la cause qui aurait pu le faire naître réparée, on se
remet en marche; mais, au bout de dix minutes, nouvelle
secousse, nouvelle descente des voyageurs. Cette fois la
machine s'est déraillée; évidemment une catastrophe nous
avait menacés; nouvel effroi pour le danger couru. On va,
on vient, on s'efforce de réparer la machine. Les chauf-
feurs se querellent; ces bons Allemands, comme toutes les
natures sorties aussi du rail, se livrent aux plus véhé-
mentes gesticulations; mais en dehors de toute cette agita-

tion , des Français se sont rassemblés en groupe , ils semblent n'être pour rien dans tout ce qui se passe , et cependant leur vie a été menacée deux fois, comme celle des autres voyageurs. Mais toutes leurs pensées viennent se perdre en une seule... Le voyageur qui le dernier est parti de Wiesbaden raconte l'attendrissante scène dont il a été témoin ; on le questionne : danger passé , péril à venir , tout est oublié. Une femme souffrante , assise sur la terre, écoute, les yeux humides et fixés sur le narrateur. De jeunes filles, l'œil et le cœur avides , recueillent ses paroles ; deux vieillards s'appuient sur leurs bâtons en écoutant aussi. Oui , il a vu Henri de France au moment de quitter ses amis de Wiesbaden ; il l'a vu pouvant à peine maîtriser son attendrissement ; il l'a suivi à Francfort, et l'a vu au moment du dernier adieu fait à la pieuse escorte qui l'a accompagné jusque-là. Henri, ému jusqu'aux larmes , a pris la main de ses fidèles , il a même embrassé ceux qui le serraient de plus près ; puis , craignant d'être vaincu par son émotion , il s'est hâté de donner le signal du départ , comme s'il eût craint de ne pouvoir résister plus longtemps aux déchirements de cette séparation.

Voici les paroles qu'il a prononcées en faisant ses adieux :

« Venez , Messieurs , » a dit monseigneur à toutes les personnes qui s'étaient reculées pour lui livrer passage, « venez , que je vous serre encore une fois autour de « moi... pour vous dire, non pas adieu, mais au revoir... « pour vous remercier d'avoir quitté vos familles , vos af · » faires pour venir auprès de moi...

« J'ai fait connaître à beaucoup d'entre vous mes inten-

« tions , mes désirs , la ligne de conduite à suivre et quels
« hommes ont ma confiance ; je veux vous répéter à tous
« que, si vous voulez le triomphe de notre noble et sainte
« cause , qui est celle de la France , il faut union et disci-
« pline. Montrez-vous inébranlables sur les principes,
« modérés et conciliants pour les personnes.

« Celui que vous regardez comme votre chef... comme
« votre Roi , et qui , je puis le dire , est aussi le meilleur
« de vos amis, vous donnera toujours l'exemple ; et si
« la société , si la France était jamais en danger... ah !
« dites-le à tous nos amis, combien je serais heureux et
« fier de voler avec vous à sa défense ! »

Samedi 31 , au matin , une Française établie à Francfort entrait dans l'église St-Paul ; à peine à genoux, elle
se voit environnée d'un grand nombre de Français qui
viennent se prosterner humblement aux pieds des autels,
priant avec ferveur. Etonnée, elle se lève et demande à
l'un d'eux la cause de ce rassemblement : Va-t-on célébrer
quelque cérémonie ? — *Non , madame*, lui est-il répondu,
mais nous venons de quitter le roi. Que de choses dans ces
simples mots ! Ils viennent de quitter leur roi , mais ils
l'accompagnent encore de leurs prières... Ils viennent de
quitter leur roi, mais les voilà prosternés devant Celui qui
seul adoucit la douleur par l'espérance... *Dieu des armées ,
heureux ceux qui mettent leur confiance en vous !*

Lyon , 4 septembre.

J'apprends que mes lettres écrites de Wiesbaden ont été
lues avec intérêt. Mon amour-propre n'en tire aucune

2

vanité, le sujet dont je vous entretenais a fait seul le prix et le mérite de ces pages écrites si rapidement. Il faudrait une autre voix que la mienne pour révéler le prince à ceux qui ne le connaissent point. Il faudrait tout le talent que je regrette de ne pas avoir, pour en parler dignement. Mais le langage du cœur est permis à tout le monde, et celui-là, il m'est donné de le parler.

On m'a reproché de n'avoir pas donné des détails assez complets sur la personne même du comte de Chambord. Le motif de ma réserve est facile à comprendre. J'ai craint d'être taxé de trop d'enthousiasme. A ceux qui ne connaissent pas le prince, la simple vérité pourrait ne sembler qu'une gracieuse exagération ; mais vous le demandez, je vais vous satisfaire. Je m'adresserai d'abord à vous, mes chers compatriotes, qui voulez admirer avec connaissance de cause. Je vous le dis à regret, le portrait que vous suspendez à vos murailles, ce buste que vous élevez en triomphe dans vos salons, ne sauraient vous donner aucune idée de la figure de votre prince ; car la main de l'homme peut tracer des lignes, mais elle ne saurait saisir une expression qui vient de trop haut pour qu'il soit possible de la fixer à l'aide du crayon ou du ciseau. L'idéal ne se matérialise pas ainsi ; il y a plus, c'est que la mémoire ne saurait se représenter fidèlement ces illuminations subites, ces éclairs du regard ; chaque fois que j'ai revu le prince, j'ai éprouvé une surprise nouvelle ; c'est qu'il est impossible de rattacher sa ressemblance à aucune autre ; il est *lui*, et n'est autre que *lui*. Quand il paraît, tout ce qui est autour de lui, effacé, rentre dans l'ombre, si grande est la dignité de son front, si vif est l'éclat de son regard. Wiesbaden était le rendezvous de jeunes hommes à la longue barbe, à la figure moyen-âge, aux allures distinguées ; mais, ne leur en déplaise, sitôt que le prince entrait il n'y avait plus, même dans l'ordre des dons extérieurs de la nature, il n'y avait plus que des sujets et un roi... Dans le principe j'ai d'abord été effrayé de l'ineffable bonté qui se peint sur ses traits, et c'est à dessein que j'emploie le mot *effrayé* ; car, à l'époque où nous sommes, il y aurait plus à craindre de l'excès de la bonté que de l'excès contraire. Mais j'ai été rassuré en observant sur cette noble figure, certaines lignes fortement articulées, qui se dessinent d'une manière encore plus nette lorsqu'une conversation sérieuse vient à s'engager ; j'ai su d'ailleurs, à n'en pouvoir douter, que dans toutes les circonstances où il avait été nécessaire de déployer de la fermeté, le prince l'avait fait de telle sorte, qu'ils peuvent se confier à lui, ceux qui sentent le besoin d'être étayés par une main forte et vigoureuse.

On me demande aussi comment se passaient les réunions de Wiesbaden, comment les présentations ; rien de plus simple, rien de plus spontané ; à midi et le soir le comte de Chambord recevait tous ceux qui désiraient avoir accès auprès de lui, causant avec tous, passant familièrement d'un salon dans l'autre, et protestant surtout contre le témoignage de respect que lui donnaient les femmes en se levant sitôt qu'il paraissait ; pendant tout le jour il recevait en particulier ceux qui croyaient avoir quelque chose à lui dire, répondant aux objections qui lui étaient faites, de manière à prouver qu'il les avait écoutées ; les femmes ne trouvaient pas chez lui, dans ses audiences particulières, la solennité royale, mais la politesse noble, aisée, facile autant que digne, d'un homme qui a dans ce genre là de bonnes traditions de famille... On sait que Louis XIV levait son chapeau à toutes les femmes qu'il rencontrait. Le prince leur avance lui-même les fauteuils, il fait ses honneurs comme un simple particulier ; mais on n'en est pas moins vivement impressionnée. Troublée, on fait mille bévues : on s'assied avant lui ; on laisse tomber son mouchoir, qu'il ramasse ; le trouble s'en augmente, mais il n'a point l'air de s'en apercevoir ; on sort à peu près comme on est entrée, oubliant même quelquefois de le saluer; toutefois, on lui a parlé, on a entendu sa voix, on est heureuse... Sa grâce parfaite ne donne jamais l'idée d'en abuser par la moindre familiarité. De dignes représentants, qui ne brillent pas, du reste, par la timidité, m'ont avoué qu'attirés par cet air de bienveillance qui semble dire combien son cœur vient au-devant du vôtre, ils auraient voulu lui exprimer leur amour, et n'avaient osé parler que de leur respect.

Le prince est doué d'une sorte d'intuition qui lui fait lire dans l'âme de ceux qui lui parlent. Un jour qu'il s'était formé autour de lui un cercle d'hommes dans lequel il venait d'énoncer une opinion que ne partageait point un de ses auditeurs, il dit à un de ses intimes en achevant de faire le tour du cercle : *il y a là un mécontent* ; puis se replaçant en tête de son auditoire, il reprit la conversation, développant, expliquant sa pensée de manière à la faire adopter au mécontentement le plus obstiné.

Ne croyez pas que le comte de Chambord s'enveloppe incessamment des majestés de son rang. Il sait les déposer souvent, sûr qu'on ne les oubliera jamais en sa présence. De cœur et de caractère mûrs et sérieux, il a conservé néanmoins la gaieté de son âge, cette gaieté vraiment française qui se fait jour à travers toutes les peines de la vie. Nous prenions plaisir souvent à l'entendre rire très-haut et de bon cœur, avec cette bonhommie spirituelle et intelligente qui met à l'aise en annonçant qu'il y est lui-même. Il se laisse amuser de ce qu'on lui dit, se prêtant ainsi à l'intention de ceux qui cherchent à le distraire un instant des pompes un peu monotones du respect; un soir, je ne sais quelle plaisanterie osa hasarder un de nos voyageurs qui, sans sortir des bornes de la convenance, franchissait toutefois les bornes d'une austère gravité; le prince se prit à rire, disant : *C'est très-joli , très-joli ;* aussitôt , un jeune enfant, de nature primitive et spontanée, frappé sans doute de l'expression riante et gracieuse de cette charmante physionomie , me saisit par le bras , s'écriant naïvement : « *Mais dites-lui donc qu'il n'y a que lui de joli en tout cela.* » A mon tour je me pris à sourire.

Comment la gaieté ne visiterait-elle pas quelquefois l'esprit de celui que ne hantent jamais ces pensées amères dont les traces, en défigurant l'âme, altèrent jusqu'aux traits du visage.

Le cœur du noble prince est étranger à tout ressentiment. Il comprend le mal qui lui est fait, uniquement comme un motif de plaindre l'homme assez malheureux pour méconnaître son devoir. Il y a peu de jours encore, ayant à reprocher un procédé au moins inconvenant à un individu qui y avait été poussé par un zèle fort mal entendu : « *Je suis fâché de ce qu'il a fait* , a dit le prince , *pour lui et non pour moi !*

Généreux , bienfaisant , Henri trouve une intime et vive jouissance à soulager toutes les misères, et surtout celles qui forment un contraste avec le rang où elles se trouvent placées. Ayant appris la déplorable situation d'un homme dont il a reçu plus d'une preuve de dévouement , il lui a fait passer une somme que la royauté eût pu octroyer sans aucune gêne , mais qui pouvait en imposer une à l'exil. « *Dites que cela vient d'un ami* , » a dit le prince en la remettant. Le cœur du fidèle serviteur a bien vite nommé cet ami !

En parlant au comte de Chambord , l'on n'est jamais tenté de cesser d'être vrai ou de dissimuler sa pensée intime. Avant de l'aller chercher à Wiesbaden , j'avais été dans le cas de lui parler avec éloge du président de la République française ; il m'a adressé le premier la parole à son sujet , provoquant ainsi l'expression d'un intérêt que je prétendais d'autant moins nier , qu'il s'adressait à l'homme privé et non à l'homme public.

Je demandais , il y a peu de jours , à M. de Barande , s'il ne voyait pas quelque inconvénient à présenter au prince tous ceux qui sollicitaient cette faveur , sans même s'enquérir de leurs antécédents.

« Il est possible , me répondit-il , qu'il y ait en effet quelques abus ; mais Monseigneur préfère admettre un homme qui ne le mérite pas , que de s'exposer à renvoyer un homme qui mériterait d'être reçu. C'est sa pensée et la nôtre aussi. »

C'est ainsi que s'expriment les hommes qui ont entouré l'enfance du prince, et que l'on accuse de lui avoir donné des idées *arriérées avec lesquelles il ne comprendra jamais* , dit-on , *son époque, et qui l'empêcheront de marcher avec son siècle.* Mais vous avez raison : il ne comprend pas son époque , car il n'a jamais cru que la corruption fût un moyen gouvernemental qu'on dût employer ; il ne com-

prend pas son époque , car il ne pense pas que l'égoïsme
doive être la loi du monde ; il ne comprend pas son
époque , car il a gardé une foi vive , éclairée, tolérante , tolérante parce qu'elle est éclairée. Non , il ne
marche pas avec son siècle dans la voie coupable où il est
entré ; mais il attend que son siècle veuille marcher avec
lui dans la voie de la régénération.

Quant aux idées d'injustes prédilections pour certaine
classe , dont on a voulu faire croire qu'il était imbu , il est
facile de comprendre en voyant [le comte de Chambord,
en causant avec lui , que s'il est appelé à être reconnu
père d'une grande famille , il traitera toutes les classes
de la société comme ses enfants. Oui , vous l'avez
compris, prince , si nous allons à vous , nous, placés dans
la classe intermédiaire de la société , où l'industrie et les
professions libérales en nous assurant l'indépendance nous
interdisent les honneurs et les dignités ; si nous allons à
vous , c'est que nous y sommes poussés par l'impulsion de
l'amour le plus désintéressé. En partant de ce principe ,
regardons , nous-mêmes , comme le plus méritoire des
dévouements , celui de ces braves hommes du peuple qui
n'ont pas même comme nous à attendre pour récompense
une parole , un regard de satisfaction de leur roi , et dont
les noms lui seront peut-être toujours inconnus. Pénétré
de cette idée , le prince a accueilli avec la faveur la plus
marquée , les députations d'ouvriers qui sont venus le
chercher ; il en a été de même pour celle du paysan
breton. La seule femme qui ait été admise à l'honneur de
dîner à la table de monseigneur pendant son séjour à
Wiesbaden , est une paysanne Vendéenne qu'il a fait placer à sa droite ; nous avons parlé il y a peu de jours de

l'hommage qu'il avait rendu à l'aristocratie de l'intelligence ; nous dirons aujourd'hui , que l'aristocratie du dévouement est encore celle qu'il semble le mieux accueillir.

Oui , je l'ai dit : le sceau de la royauté ne serait pour Henri , que le sceau d'une vaste paternité, aimant tous ses enfants d'un même amour ; il saurait , tout en respectant les prérogatives que Dieu lui-même a créées , les restreindre dans les limites de la plus exacte équité.

Lyon , 5 septembre.

Ne considérez cette lettre que comme un post-scriptum à celle d'hier ; je ne m'excuse pas toutefois de la longueur comme de la fréquence de mes lettres. Je sais que mes amis ont autant de plaisir à entendre parler du comte de Chambord que j'en ai moi-même à les entretenir de lui.

Il a été question dans les journaux d'une visite que la princesse de Liéven avait faite au prince ; je suis à même de vous dire la vérité sur ce qui s'est passé : La princesse de Liéven , se trouvant près de Wiesbaden, est allée rendre visite à Mme la duchesse de Noailles retenue chez elle par une assez grave indisposition. Les nobles dames étaient en train de causerie, lorsque le comte de Chambord, revenant de la promenade, est monté chez Mme la duchesse de Noailles pour s'enquérir aussi de ses nouvelles. La princesse de Liéven, troublée par la présence du prince , veut se retirer ; mais retenue un peu par la curiosité, beaucoup par cette grâce exquise avec laquelle le comte de Chambord sait entamer la conversation , même

sur le terrain le plus difficile, la princesse reste et jouit quelques instants du charme de cet entretien qu'elle prolonge à plaisir; enfin elle prend congé. Quelques instants après, elle reçoit en visite un représentant placé si haut par sa belle intelligence et ses services rendus, que les têtes couronnées mêmes tiennent à bonheur d'être en relation avec lui; il la trouve les yeux gros et rouges, la figure bouleversée et portant toutes les traces d'un trouble réel. Le visiteur, étonné, l'interroge du regard :
— « Ah monsieur! c'est que je l'ai vu cet adorable enfant ! » *Adorable* aurait pu le mettre sur la voie ; *enfant* le déroute ; il regarde la princesse avec une surprise croissante : — « Oui, je l'ai vu, votre prince, celui que les Français ont exilé. Ils sauront, mes amis de Paris, ce que je pense de lui, etc., etc... » Et la princesse se livre à un nouvel attendrissement dont on ne peut soupçonner la sincérité, car elle avait été prise en flagrant délit d'émotion, alors que, n'attendant aucune visite, elle s'abandonnait à ses propres impressions. Que penser du charme fascinateur d'un prince qui produit semblable effet sur le cœur du Talleyrand féminin des salons de Paris ?

Ainsi que je crois vous l'avoir déjà indiqué, le comte de Chambord n'a cessé de traiter M. Berryer avec une distinction toute particulière; il y avait même dans la manière dont le prince était avec lui une sorte de familiarité, dont la limite était posée, d'un côté par la dignité personnelle confondue avec la dignité royale, et de l'autre par le plus profond respect. Un jour que j'allais rendre visite à quelqu'un de la maison du prince, je fus témoin d'une petite scène qui peut donner l'idée des façons simples et bonnes de celui qu'on a si souvent représenté entouré de la plus scrupuleuse étiquette, et marchant toujours précédé de licteurs : le comte de Chambord sortit de son appartement et alla rendre visite à M. Berryer, dont la chambre touchait la sienne, et qui, ne s'attendant point à cet honneur, se hâtait de s'habiller pour aller présenter ses hommages au comte de Chambord ; il s'établit entre le prince et le représentant un colloque qui me rappela ces colloques familiers du bon roi Henri et de Sully son fidèle serviteur. Le prince voulait entrer ; M. Berryer, pris au dépourvu de tenue convenable pour recevoir une semblable visite, faisait difficulté d'ouvrir la porte. Ce fut pourtant lui qui céda.... Il faut le dire : M. Berryer, dont il est inutile de faire l'éloge comme représentant, n'a cessé par l'attitude prudente, sage et conciliante qu'il a gardée à Wiesbaden, de bien mériter du prince et par conséquent du pays. Déplorant et apaisant, autant qu'il était en lui, certaines mauvaises humeurs dont un esprit moins élevé se fût réjoui en secret, il a vainement tâché d'en empêcher les inconvenantes manifestations ; s'effaçant toujours, il n'a pas tenu à lui que le séjour de Wiesbaden n'ouvrît une nouvelle ère de paix et de conciliation.

Pendant que je tiens la plume, je veux vous dire une circonstance qui me semble du plus heureux augure. Un représentant de ma connaissance, ayant quitté Paris pour se rendre à Wiesbaden dans les derniers temps du séjour qu'y a fait le prince, alla chercher M. de Lourdoueix et le trouva en intime causerie avec un arrivant de Wiesbaden. Celui-ci disait la ligne tracée par le comte de Chambord à ses amis de la presse, ligne que l'on sait n'être pas tout à fait celle suivie jusqu'ici par la *Gazette de France.*

« Eh bien, s'écria vivement M. de Lourdoueix, en se levant, nous n'aurons tous désormais qu'un même drapeau.»
Cet élan n'a rien qui nous surprenne. D'âme ardente et
loyale, de cœur chaud et dévoué, M. de Lourdoueix, livré
à lui-même, est capable de ce qu'il y a de plus généreux.
Puisse-t-il ne se laisser diriger en tout ceci que par sa propre inspiration, n'écoutant que son propre cœur, d'accord
avec sa conscience! Oserai-je ajouter : puisse-t-il, dans
ces lignes, reconnaître l'appréciation d'une personne qui le
juge ainsi parce qu'elle le connaît...

Nous ne dirons point que nous espérons *le retour* de M.
de Lourdoueix, car il n'a jamais dévié des voies de la fidé-
lité ; mais nous dirons que si, déjà uni avec nous dans une
même pensée, il s'y unit aussi dans l'expression de cette
pensée, il contribuera puissamment au bonheur à venir de
la France! L'avenir! ce mot me ramène une dernière fois
au sujet qui nous préoccupe si vivement, il me rappelle
que de tous côtés l'on me demande si le prince croit au
bonheur futur de la France. L'avenir est le temps de Dieu;
le prince n'en parle jamais avec la témérité de l'espoir qui
vient des hommes, mais avec la calme certitude de l'espoir
qui vient de Dieu. Sa pensée de retour doit plutôt se tra -
duire par le mot de croyance que par celui d'espérance.
Quelqu'habile qu'il se sente à porter le poids de la couronne, il sait trop quelle en est, aux temps où nous
sommes, la pesanteur pour l'appeler de ses vœux. Aussi
n'ira-t-il pas au devant des événements ; mais s'ils viennent
le chercher, ils le trouveront résigné à la royauté, comme
il le fut à l'exil....

Et nous, mes amis, en ces jours d'incertitude et d'an-
goisse, serrons les rangs pour empêcher l'esprit de la dis-

corde de se glisser parmi nous ; tenons-nous les uns aux autres par les liens d'une charité dont la source est en Dieu et dans le cœur du prince ; effaçons de nos cœurs les souvenirs amers qui raniment un déplorable passé ; expions pour ceux qui font le mal , et méritons de faire le bien ; prions, et que nos prières retombent en bénédictions sur cette tête chère et sacrée qui porte déjà la plus belle des couronnes, celle de la vertu , et qui règne déjà sur nous en vertu de la première des royautés, celle de l'amour.

Relation du voyage de la députation des ouvriers de Paris à Wiesbaden.

On sait comment s'organisa notre voyage pour Wiesbaden. Nous entendions souvent parler de M. le comte de Chambord comme d'un prince digne des rois dont il descend et du principe qu'il représente ; mais nous avions un vif désir de le voir nous-mêmes : rien ne vaut, en pareille matière, le témoignage de ses propres oreilles et de ses propres yeux. On eut l'idée d'organiser un train de plaisir — cette fois il était bien nommé, — pour Wiesbaden. M. Jeanne, dont on sait l'activité dévouée, s'y employa de tout cœur ; un grand nombre d'autres personnes s'y entremirent, et le départ fut fixé au 15 août au soir : c'est, on s'en souvient, le jour de l'anniversaire du vœu de Louis XIII.

Nous partîmes de Paris à onze heures du soir par un temps affreux , qui ne nous a quittés qu'à Aix-la-Chapelle.

Notre voyage fut rapide comme il l'est en chemin de fer,

et aucun accident sérieux ne le troubla. Nous traversâmes de beaux pays, que la grosse pluie qui était tombée inondait; mais en général nous fîmes peu d'attention, notre cœur et notre pensée étaient ailleurs. Tout le long de notre chemin nous parlâmes franchement du but de notre voyage, et nous ne trouvâmes que des approbateurs et des amis. Ainsi dans les wagons belges, à la sortie de Bruxelles où nous étions arrivés le 16 août à 11 heures du matin, Léon Milhes, dessinateur; Charles Dormoy, étudiant, et Salat, employé, un des signataires de cette relation, ayant dit devant plus de vingt personnes qu'ils se rendaient à Wiesbaden pour voir M. le comte de Chambord, reçurent des félicitations de tous les voyageurs ; un d'entre eux nous dit même : dites à M. le comte de Chambord que les Belges seront très-heureux de le voir passer dans leur païs pour retourner en France, à laquelle il peut seul rendre le bonheur. » Nous nous sommes fidèlement acquittés de la commission.

Entre nous, nous parlions, à chaque instant, du bonheur que nous allions avoir, et nous vivions dans un parfait accord, comme il arrive lorsqu'on a les mêmes sentiments et les mêmes pensées. Dans toute la vérité du mot, on peut dire que nous étions frères.

Le 17 août, à Coblentz, dans la salle à manger de l'hôtel où nous nous arrêtâmes, des musiciens vinrent nous jouer l'air de *Vive Henri IV* pendant notre dîner, et plus de cent étrangers qui dînaient à une table voisine de la nôtre, nous firent proposer la santé de M. le comte de Chambord, offre qui fut acceptée de grand cœur ! Nous trouvâmes cette double manière de nous souhaiter la bienvenue en Allemagne bien aimable, et cela nous donna une bonne idée de l'hospitalité des Allemands. Sur toute notre route nous avons rencontré le même accueil. Ainsi, nous étant embarqués à Cologne sur le bateau à vapeur *le Rubens*, nous fûmes l'objet des politesses de tous les passagers. Il n'y avait pas jusqu'aux mariniers qui ne vinssent trinquer avec nous, toujours à la même santé. Du pont des bateaux à vapeur qui descendaient le Rhin, on nous saluait en agitant des mouchoirs blancs ; partout, enfin, on nous accueillait avec effusion, et il semblait qu'on nous remerciait d'être venus. Nous faisions cependant une chose bien simple et bien naturelle : nous suivions le penchant de nos cœurs, nous désirions savoir si l'on nous avait dit vrai sur le prince objet de nos affections ; nous voulions connaître qui nous aimions.

Nous le connaissons aujourd'hui, Dieu merci ! Le 18 août, nous arrivâmes à Wiesbaden.

Le prince nous attendait depuis le matin avec une impatience qu'il ne cachait pas ; plusieurs fois il s'était levé pendant son déjeûner, nous a-t-on dit, pour voir si nous arrivions. L'hôtel Duringer, où il loge, est situé en face du chemin de fer, qu'il peut voir de ses croisées.

Une heure après notre arrivée à Wiesbaden, nous étions chez le comte de Chambord. Nous n'étions plus bruyants comme pendant notre voyage ; l'attente nous rendait silencieux ; chacun de nous sentait son cœur battre comme à la veille d'un grand événement. On nous fit monter dans un salon au premier ; nous nous rangeâmes autour de cette vaste pièce. A peine avions-nous pris place, le prince entra. Ce fut un beau moment. Quelle figure ! quels yeux ! mais surtout quelle bonté ! « Soyez les bienvenus, mes amis, nous dit-il : approchez bien près de moi. » Nous

nous rapprochâmes, mais le respect nous tenait à quelque distance encore. « Plus près, s'écria-t-il, plus près, je veux me sentir serré par les Français. »

Nous l'entourâmes cette fois de si près, que nous ne lui laissions que la place de son corps. Ses mains vigoureuses serraient nos mains, ses yeux pleins de tendresse étaient attachés sur nous ; il nous remerciait d'être venus de si loin. Nous ne pouvions parler, les larmes nous suffoquaient. Le voilà donc, le descendant de saint Louis et de Henri IV, ce prince que les plus âgés d'entre nous se souvenaient d'avoir vu dans leur enfance, emporté par une rapide voiture des Tuileries à Bagatelle ; le voilà, l'enfant aux yeux bleus et à la tête blonde, déjà exilé avant que les plus jeunes de notre bande fussent nés. C'est un homme aujourd'hui plein de vigueur, de jeunesse, de beauté, qui parle de la France comme s'il ne l'avait jamais quittée, qui reçoit tous les Français comme des amis. Dès qu'il vous parle, on se sent le cœur remué ; quand il tient votre main, on n'est plus à soi, on est à lui.

Le soir, le prince a voulu nous recevoir encore. Il s'est approché de chacun d'entre nous en particulier, et nous a adressé des questions bienveillantes et de bonnes et cordiales paroles, de ces paroles que l'on ne saurait oublier. Il est si doux de se sentir aimé par qui l'on aime.

Le lendemain, M. le comte de Chambord nous a invités à aller au spectacle, on jouait les *Huguenots*. Le prince est venu au second acte, il occupait une loge d'avant-scène à la gauche des acteurs.

Remarquant que plusieurs des nôtres ne pouvaient le voir et se levaient de leurs places pour le chercher des yeux, il s'est mis à droite ; ainsi placé ; il voyait mal la scène, mais il était mieux vu par nous. Pendant la soirée, MM. de Lévi, Berryer, de Pastoret et plusieurs autres personnes qui étaient dans la loge du prince, l'ont quittée pour venir s'asseoir parmi nous à la seconde galerie où nous étions. Les acteurs, qui étaient excellents, ont été fort applaudis ; chaque fois qu'on les applaudissait, ils remerciaient le public par de profonds saluts, en commençant par le prince. Nous avons remarqué avec plaisir qu'au banquet du premier acte, les corbeilles étaient surmontées de magnifiques lis artificiels : c'était une politesse des acteurs. Toute la salle s'était levée à l'entrée de M. le comte de Chambord, elle s'est encore levée à sa sortie.

Le lendemain, à 2 heures, nous avons dîné chez le prince. Nous étions en belle et bonne compagnie. Ouvriers, bourgeois et grands seigneurs étaient assis à la même table ; c'était bien la meilleure des républiques, car tout le monde s'y aimait, et tout le monde aimait le petit-fils de Henri IV.

Vers le milieu du repas, M. le comte de Chambord est entré, il a fait le tour de la table, s'est arrêté au milieu, puis, demandant un verre, l'a fait remplir jusqu'au bord. Alors, d'une voix forte et vibrante : « Mes amis, à la France, à notre chère patrie ! » Les têtes n'y étaient plus, nos cœurs débordaient. La France, Henri V, ces deux noms étaient mêlés, confondus.

Tous les verres sont venus choquer le sien, et nous avons acclamé sa santé en la joignant à celle de la France.

Nous avons voulu emporter nos verres qui avaient touché celui du comte de Chambord, en mémoire de cette santé portée sur la terre étrangère, et que nous espérons,

Dieu aidant et la France le voulant, renouveler dans notre pays.

La veille, un d'entre nous, Sicard, jeune ouvrier sellier de dix-huit ans, a dîné chez M. le comte de Chambord ; il avait été désigné par le sort avec un autre de nos compagnons, Germain, jardinier à St-Mandé. Ils ont partagé cet honneur avec Mme Guérin , fidèle bretonne que le prince a fait placer à sa droite.

C'est le lendemain que les signataires de cette lettre , Mathias Leguernic , sellier-brideur ; Petit , cartonnier-papetier , et Salat, employé , tous trois délégués des ouvriers de Paris , eurent l'honneur d'être reçus en audience particulière par M. le comte de Chambord.

Nous étions seuls avec le prince ; la conversation roula surtout sur la situation de la classe ouvrière de Paris. M. Mathias dépeignit ses souffrances ; M. le comte de Chambord . après avoir dit que le meilleur et le premier des secours à accorder aux classes ouvrières, ce serait un bon gouvernement, qui maintînt le pays dans une situation d'ordre et de confiance au-dedans , de sécurité et d'influence au dehors , indiqua quelques institutions qui , agrandies , modifiées ou fondées de nouveau , pourraient efficacement aider les souffrances qui échapperaient à l'influence du bien-être général. Il insista avec un vif et touchant intérêt sur les mesures à prendre pour venir en aide à la classe des ouvrières , et particulièrement des jeunes filles , pour qui la misère est un piége en même temps qu'une souffrance. Il parla aussi des bagnes et des repris de justice , à qui la mauvaise renommée que leur laisse une première faute rend le travail si difficile et il indiqua ce qui pourrait être fait pour qu'il y eût un passage de la sortie du bagne à la société.

Avan que nous prissions congé de lui , il nous serra la main , et nous sentîmes l'étreinte vigoureuse d'une main qui ne se prête pas , mais qui se donne et qui sait garder ce qu'elle saisit. Il ajouta des paroles pleines de bienveillance pour nous , pleines d'affection pour ses amis de Paris , qu'il nous chargea de remercier. Son dernier mot fut celui-ci : « Union , dévouement à la France ! »

Notre voyage était terminé. Nous avions vu ce que nous voulions voir ; nous connaissions le prince , et le connaître , c'est l'estimer et l'aimer : nous repartîmes pour la France le jeudi , à cinq heures du matin. Debout devant sa croisée, M. le comte de Chambord nous fit un dernier signe d'adieu. Plus de chants , plus de cris de joie comme à notre départ ; nous étions tristes et silencieux. Ce n'est qu'en rentrant en France que nous avons retrouvé un peu de notre gaîté , en pensant à ce que nous avions vu et entendu : nous avions à le raconter.

SALAT , MATHIAS LEGUERNIC , C. PETIT.

M. le colonel de Cadoudal a écrit la lettre suivante à un de ses amis politiques :

« Mon cher Monsieur ,

« Les huit fidèles Morbihannais qui ont été présenter leurs hommages au comte de Chambord , à Wiesbaden , sont de retour depuis le 29 août. Il serait difficile de peindre leur bonheur et de résumer l'éloge qu'ils font du prince, qui , suivant eux , est une perfection. Il est vrai que tous ceux qui le voient, partagent cet enthousiasme.

Le costume national du Morbihan a produit un merveil-
leux effet à Wiesbaden. Vous serez bien aise, je n'en
doute pas, d'insérer dans votre journal, pour en donner
connaissance à vos lecteurs, les extraits suivants d'une
lettre que j'ai reçue de M. de M...

« Les Bretons ont été reçus par le prince comme des
« amis. Personne ne pourra se vanter d'avoir jamais eu
« une réception de ce genre. Le prince a invité le vieux
« Mathurin Robert à dîner avec lui. J'étais de ce dîner,
« il l'a placé à sa gauche. »

« Mathurin Robert est un simple laboureur du village
de Ter, commune de Baden. Ce vieux soldat du général
Georges était, quoique pour ainsi dire enfant à cette épo
que, à la malheureuse et sanglante expédition de Quiberon.

« Pendant presque tout le dîner, le prince n'a fait que
« s'entretenir avec le vieux Robert, dont la tenue était
« digne. Mais une fois au salon, il se mit à pleurer en
« me disant : Jamais on ne me croira au pays. Le soir,
« à la réception, les autres Bretons sont venus, et le prince
« venait à tout instant causer avec eux. Il témoigna le dé-
« sir de les entendre causer la langue du pays ; alors Le
« Blevenec lui dit : Monseigneur, M. de M.... parle le
« breton. Le prince me prit par la main et me dit de cau-
« ser avec eux, et de lui traduire en français ce qui allait
« être dit. Alors Sylvestre Robino prit la parole, et d'une
« voix sonore, pleine de calme, de franchise, dit en
« breton cette phrase que je traduis en français: Monsei-
« gneur, nous sommes heureux, nous sommes joyeux
« de vous voir, mais ce n'est pas ici que nous aurions
« voulu vous retrouver, mais bien à Paris. Ce n'est pas
« en mon nom que je parle, mais bien au nom de mon

« pays. La voix de Robino était devenue sur la fin un peu
« émue. Le prince lui tendit la main, que Robino porta
« respectueusement à ses lèvres. Vous dire l'effet que
« produisirent sur la foule les paroles de Robino, est
« impossible. »

« Dans la même soirée, le vieux Robert s'avança vers
le prince, et lui dit : « Monseigneur, je puis mourir
« maintenant, je vous ai vu. Non, lui dit-il, pas encore;
« je veux avant vous voir chez vous. »

« Pendant notre voyage une personne demandait aux
Bretons s'ils étaient Français. « Oui, dit Claude Lejondre,
« Français à l'étranger, mais Bretons en France. »

« Je m'arrête à ces extraits, dans la crainte d'abuser
de votre obligeance.

Le colonel, L. DE CADOUDAL.

31 août 1850.

Le *Siècle*, ayant publié des correspondances menson-
gères sur ce qui s'est passé à Wiesbaden, a reçu les deux
lettres qui suivent :

A Monsieur le rédacteur en chef du Siècle.

« Monsieur,

« Nous ne nous chargeons pas de réfuter vos appréciations sur M. le comte de Chambord, les appréciations
sont libres : nous nous contenterons de dire que les nôtres

sont diamétralement contraires aux vôtres, et que nous revenons de Wiesbaden, heureux de ce que nous avons vu et de ce que nous avons entendu. Nous sommes convaincus que si M. votre correspondant, au lieu de juger le prince en perspective et d'écrire sur des on dit, demandait à M. le comte de Chambord une audience, qui lui serait accordée à l'instant, s'il le jugeait après l'avoir vu *seul à seul*, après l'avoir entendu comme il convient entre Français, entre hommes, ses appréciations changeraient et se rencontreraient avec les nôtres.

« Cette lettre n'a qu'un objet, c'est de rectifier parmi les faits que votre correspondant rapporte, et qui sont presque tous inexacts ou altérés, le seul qui nous paraisse vraiment important. Vous dites que M. le comte de Chambord ne reçoit personne sans avoir M. le duc de Lévi en tiers. Nous ne vous dirons pas seulement, monsieur, que plus de deux cents personnes ont été reçues par M. le comte de Chambord à Wiesbaden, sans que M. le duc de Lévi fût en tiers ; nous vous dirons : nous l'avons vu seul, nous, délégués de la députation des ouvriers de Paris ; nous sommes restés tous les trois seuls avec lui pendant une heure, nous lui avons parlé librement ; il nous a interrogés longuement sur la situation des ouvriers, et nous lui avons répondu.

« Pour le reste de la lettre de votre correspondant, nous n'avons qu'un mot à dire à ceux qui n'ont pas la même opinion que nous sur M. le comte de Chambord : Allez et voyez.

« Nous comptons, monsieur le rédacteur, que vous voudrez bien insérer notre lettre dans votre prochain numéro.

« Nous vous prions d'agréer l assurance de notre considération distinguée.

> « A. Salat, Charles Petit, cartonnier.
> Mathias Leguernic, sellier.
> Léon Milhes, lithographe. »

Voici maintenant la lettre de la députation bretonne :

Paris, 27 août 1850.

« Monsieur le rédacteur du *Siècle*,

« La députation bretonne, partie de Paris le 18 août, dans la soirée, est arrivée à Wiesbaden le 20 dans la nuit.

« Dès le lendemain, mercredi matin, elle a été appelée à déposer ses respectueux hommages et son profond dévouement aux pieds de M. le comte de Chambord.

« Cette audience, qui n'a pas duré moins d'une heure, s'est passée en famille dans un des salons particuliers du prince. Pour tous, M. le comte de Chambord a eu des paroles pleines de bonté et d'affection. Il était au milieu de ses braves et fidèles enfants du Morbihan.

« Le même jour, la députation a été invitée à dîner chez M. le marquis de Pastoret, qui avait réuni, pour cette fête, un grand nombre de ses amis.

« Jeudi, tous les Bretons ont déjeûné chez M. le vicomte et Mme la vicomtesse Walsh. A cinq heures, MM. Mathurin Robert, cultivateur, l'Ecuyer de Villers, marquis de Mirabeau, V. E. Macaire de Rougemont, membres de la députation, ont été admis à l'insigne honneur de dîner à la table de M. le comte de Chambord. Le prince a placé à sa droite M. Bouhier de l'Ecluse, représentant de la Vendée, et à sa gauche Mathurin Robert, un des vieux soldats de la Bretagne.

« Vendée et Bretagne ne faisaient qu'une seule et même province.

« Le soir, à la réception générale, qui était fort nombreuse, car tous les Français qui sont à Wiesbaden sont admis dans les salons du prince avec les habitants et les étrangers de distinction, M. le comte de Chambord s'est presque continuellement entretenu avec chacun des membres de la députation bretonne. A tous, il a parlé avec la plus vive affection de la France et des vœux qu'il fait pour son bonheur.

« Vendredi, la députation bretonne entière a été invitée à un dîner d'adieu offert par le prince. Au dessert, M. le comte de Chambord est entré dans la salle. Après avoir dit à chacun quelques bonnes paroles pour le départ, le prince, entouré de ses Bretons, a bu *à l'union de tous les Français*, à la Bretagne ! à la France ! En souvenir de cet adieu, les Bretons ont obtenu la faveur d'emporter le verre qui avait servi au prince, et ceux avec lesquels ils ont eu l'honneur de trinquer avec lui. En Bretagne, ce verre, placé au centre de la table des festins, leur rappellera l'exilé et les vœux qu'il a formés en leur présence pour le bonheur de la patrie.

« Les trois jours passés à Wiesbaden ont été une fête continuelle. Les Bretons ont parcouru le Cursaal et les promenades publiques, confondus et mêlés avec tous les Français réunis sur les bords du Rhin pour un pieux pèlerinage.

« Français du nord, du midi, de l'ouest, de l'est et de Paris, leur ont fait le plus bienveillant accueil. Ils ont fraternisé avec tous. Ils ont encore particulièrement à se louer de l'accueil plein de bonté de M. le duc de Lévi et de M. le prince Gaston de Montmorency.

« Paysans-cultivateurs, conseillers du prince, tous les Français réunis à Wiesbaden n'ont fait qu'une seule et même famille. Tous n'avaient qu'une seule et même pensée, un seul et même but ; ils sont venus offrir à l'exilé les désirs et les vœux de la patrie absente.

« Veuillez, monsieur le rédacteur, avoir l'obligeance d'ouvrir vos colonnes à cette lettre, qui donne le démenti le plus formel à toutes les fables de votre correspondant de Wiesbaden.

> « L'Ecuyer de Villers, rue du Havre, 2.
> E. Macaire de Rougemont, rue de la
> Ferme-des-Mathurins, 50. G. marquis
> de Mirabeau. »

En finissant de publier ces pièces, qu'il me soit permis de faire une dernière observation : Les lettres que l'on vient de lire, ont été écrites par des personnes de position, d'âge et de rang différents ; toutes cependant rendent le même hommage d'admiration sympathique au comte de Chambord. De nombreux écrits ont été publiés à ce sujet, portant tous le même cachet d'une sincère et vive louange ; mais ce qui est encore plus digne de remarque, c'est qu'aucune voix dissidente ne s'est élevée parmi les pélerins de Wiesbaden; c'est qu'aucun témoignage erroné et malveillant n'a cherché à combattre l'effet produit par cette unanimité.

A la vérité, quelques propos plus ou moins inconvenants, quelques injures plus ou moins grossières, ont paru dans les feuilles hostiles; mais l'anonyme a été soigneusement gardé, et nul de ceux qui ont vu le prince, n'a même cherché à apporter une restriction aux éloges publiés. Et que l'on ne s'efforce point de diminuer ce que cette observation peut avoir de frappant, en disant que le prince n'était entouré à Wiesbaden que d'hommes, flatteurs sincères, et devenus courtisans par le cœur! Si tous sont partis de Wiesbaden dans les mêmes dispositions sympathiques, tous ne les avaient pas également apportées. Beaucoup d'entre les voyageurs, comme saint Thomas, n'ont voulu croire qu'après avoir vu; et ceux-là mêmes ont mêlé leurs voix à ce concert universel d'éloges, et répété, avec les autres, cette grande parole de Bossuet: *Pour établir cette puissance qui représente la sienne, Dieu met, sur le front des souverains et sur leur visage, une marque de divinité.*

CHANTS.

—

Chant d'un enfant.

Mon Dieu ! Rendez le bonheur à la France !

Que le ciel apaisé laisse tomber sur nous sa rosée bien-faisante ; alors croîtra dans nos jardins la fleur bénie de Dieu, celle que déracina la fureur des vents ! Son parfum n'est-il pas le plus doux des parfums ? Le ciel ne se revêt-il pas de sa plus belle tunique bleue pour la mirer ? Fleur de beauté, tu sers à tresser des couronnes et ta blancheur immaculée défie la neige des montagnes ; c'est ton suc qui guérit la blessure, et ta poussière qui féconde le sol où tu t'élèves ! Tu brilles sur ta tige comme un joyau des cieux, et la Vierge Marie te cueille en souriant pour se parer aux jours de divines fêtes. Le soleil garde pour toi ses rayons les plus doux ; et, fière, tu t'élèves avec majesté. O toi, fleur d'heureux présage, crois et grandis parmi nous.

Chant d'une jeune fille.

Mon Dieu ! Rendez le bonheur à la France.

Ils ne sont plus ces temps de miraculeuse gloire, alors qu'armant les bras d'une vierge tu lui disais : *va...* Heureuse celle qui, née pour la houlette, planta le drapeau vainqueur! Heureuse la fille des champs qui combattit pour le fils de ses rois ! Heureuse l'humble enfant de la chaumière , pour elle le bûcher fut un trône glorieux ! Faible aujourd'hui comme l'épi qu'agite et courbe le plus léger souffle, la vierge ne peut que prier et pleurer. Prions , car la prière force le Ciel ; pleurons , car les larmes font violence au Seigneur ; faisons le bien, car le Seigneur impute l'œuvre du juste à l'impie. Et quand luira le jour de l'allégresse, nos fronts découronnés se pareront de fleurs nouvelles, et nous ferons fumer , à vos pieds , Seigneur, l'encens qui s'élève des cœurs purs.

Chant d'un vieillard.

Mon Dieu ! Rendez le bonheur à la France.

Voyageur chargé d'âge et de regrets , qu'avant d'achever ma course , j'entrevoie un instant le port ! Qu'elle soit étanchée la soif qui me brûle, soif ardente du règne de la justice ! Que la terre vacillante et qui tremble sous mes pas se raffermisse enfin ! Qu'il se referme le gouffre avide et béant où se sont englouties les gloires des nations ! Qu'elles se dissipent les ténèbres dont je marche environné, n'ayant pour guider mes pas incertains qu'un rayon d'espérance ! Rallume-toi, flambeau lumineux, et répands sur le monde tes clartés bienfaisantes. Monte , monte à l'horizon , brillante étoile, toi que mes yeux fatigués de larmes ont cherchée de si longs jours, et quand mon regard t'aura contemplée, me tournant vers le Seigneur, je lui dirai : C'est maintenant, Seigneur , que vous laisserez mourir en paix votre serviteur.

Chant d'un jeune homme.

Mon Dieu ! Rendez le bonheur à la France.

Et toi, fils de l'aigle, viens! Aide le Seigneur en son œuvre. Courageux, tu fus terrible aux méchants ; sois pour les bons. Assure le triomphe du juste ; alors, posant leurs mains sur ta tête, les vieillards te béniront, et, te devançant par delà les temps, prépareront ta place sous la tente du Seigneur ; alors le peuple jettera des fleurs sur ton passage et les jeunes filles danseront devant toi ; alors, marchant à notre tête, tu nous aideras à la vengeance, et nous terrasserons l'étranger qui effaça ton nom de la terre après l'avoir humilié ; et le monde entier te louera, et ton nom revêtu par toi d'un nouvel éclat retentira dans les siècles futurs.

Un Rêve.

CHANSON.

Ecoutez ! les bourdons bourdonnent,
Dans le lointain on les entend ;
Les clochetons aussi résonnent ;
Tous les carillons sont au vent ;
Voilà le canon qui s'en mêle,
Et prenant sa plus grosse voix,
Aux cieux, il porte à tire-d'aile
Le beau cri de... vous savez quoi...

De partout jaillit la cascade
De nos vins les plus généreux ,
Les tonneaux font la barricade.
Allons! sus! les plus courageux !
Bravos à la foule pressée!
Les tonneaux sont percés , ma foi ;
La barricade est enfoncée ,
Au doux cri de... vous savez quoi...

Vous ne pouvez sous les fenêtres ,
Passer sans trop vous exposer :
Festons , fleurs et rameaux champêtres ,
En tombant vont vous écraser ;
Rubans , drapeaux , signes de fête ,
Tout s'agite en joyeux émoi ;
Et quand ça tombe sur la tête ,
C'est au cri de... vous savez quoi...

C'est que tu reviens de voyage ,
O fils ! si longtemps attendu ;
Et la France sur ton passage ,
Le cœur d'allégresse éperdu ,
Se précipite tout entière ,
Te tend les bras , et devant toi
Se lève , forte et tendre mère ,
Au doux cri de... vous savez quoi...

Vous tous , fils de la même mère .
Le voilà , votre frère aîné !
En ton sein , bienheureuse terre ,
La main de Dieu l'a ramené ;

Avec bonheur et confiance
Entre ses bras repose-toi.....
Il a crié : Vive la France,
Et tu réponds... vous savez quoi...

Dans notre siècle de mensonges,
Sachez que la réalité
Se trouve souvent dans les songes ;
Là, Dieu fait voir la liberté.
Je le confesse donc : un rêve
Pour moi fait article de foi ;
Aussi le mien, amis, s'achève
En criant... vous savez bien quoi.....

Lyon.— Imp. de DUMOULIN et RONET , rue St Côme , 6.

APPENDICE.

Ces pages venaient d'être imprimées et presque publiées, lorsque l'auteur a appris que certains hommes honorables persistaient à défendre des doctrines qui auraient déjà le tort grave de diviser les amis des principes et du droit, si elles n'avaient, en outre, le malheur d'être rejetées par CELUI auquel il appartient de donner l'impulsion. On dirait, à les entendre, que la pensée politique, proclamée à Wiesbaden, la désignation précise des hommes appelés à diriger la marche des choses, viennent d'être adoptées comme un à propos de circonstance, et doivent étonner comme un changement. Il a semblé que des lettres (écrites par M. le comte de Chambord en 1848 et 1849) qui démontrent invinciblement que la pensée manifestée à Wiesbaden est le résultat d'une volonté persévérante, d'un enchaînement d'idées fermes et généreuses, il a semblé que ces lettres étaient bonnes à faire connaître. On les donne ici textuellement sans qu'on se soit permis d'y rien changer. Les deux dernières n'ont point encore été publiées et n'étaient pas destinées à l'être ; on les avait communiquées confidentiellement comme l'explication satisfaisante d'une politique dont s'irritaient les impatients et qui, nous devons le dire, étonnait quelquefois la confiance même. C'est donc par une sorte de trahison, trop bien motivée pour n'être point pardonnée ; ou, si l'on veut, par une interprétation non autorisée et hardie, de la pensée de celui qui fut honoré de ces lettres, qu'on se décide à les livrer au public. Monument de sagesse et de patriotisme, admirables preuves d'une admirable persévérance d'idées, ces pages n'achèvent-elles pas de révéler le trésor que Dieu, dans ses vues miséricordieuses, tient sans doute en réserve pour la France !

Le 15 juillet 1848.

« Votre lettre, Monsieur, est la première qui m'ait apporté la nouvelle de la mort de M. de Chateaubriand. J'avais en lui un ami sincère, un conseiller fidèle, de qui j'étais heureux dans mon exil de recevoir les avis et de pénétrer les généreuses pensées. Depuis plusieurs mois, je m'affligeais de voir ce beau génie approcher du terme de sa carrière ; cette perte si grande m'est plus pénible encore en ce moment où mon cœur a tant à gémir des douleurs de la patrie (1).

Que de malheurs n'ai-je pas à déplorer! Ces luttes affreuses qui viennent d'ensanglanter la capitale, la mort de tant d'hommes honorables et distingués dans la garde nationale et dans l'armée, le martyre de l'archevêque de Paris, la misère du pauvre peuple, la ruine de nos industries, les alarmes de la France entière! Je prie Dieu d'en abréger le cours.

Puissent le spectacle de ces calamités et la crainte des maux qui menacent l'avenir, ne point emporter les esprits loin des grands principes de justice et de liberté publique, qu'en ce temps, plus que jamais, les amis des peuples et des rois doivent défendre et maintenir.

Je vous renouvelle, Monsieur, l'assurance de ma bien sincère et constante affection. »

Henry.

Frohsdorf, le 2 décembre 1848.

« J'ai reçu, Monsieur, vos diverses notes, et je vous en remercie : continuez à me faire part de vos observations. Ce sont d'utiles et précieux renseignements, qui m'aident à suivre le mouvement des esprits, à bien juger la situation, et à entrevoir dans le présent ce que cache l'avenir. Je vous remercie également de l'envoi

(1) Nous ferons observer que les Mémoires d'Outre-Tombe n'avaient pas encore paru lorsque le comte de Chambord écrivit cette lettre.

que vous m'avez fait du livre *De la Propriété* : je l'ai
lu avec beaucoup d'intérêt. L'auteur de cet écrit re-
marquable a rendu un vrai service à la Société, en
opposant cette lumineuse et belle défense des principes
sacrés sur lesquels elle repose, au débordement des
doctrines funestes qui la poussent vers l'abîme où elle
est menacée de périr. Il est heureux du moins que dans
une telle confusion d'idées et d'opinions, des voix élo-
quentes et courageuses s'élèvent pour plaider hautement la cause du droit et de la justice. Puissent-elles
être entendues! Elles auront bien mérité de la France
et de l'humanité tout entière. Pour moi, dont l'unique
pensée est le salut et le bonheur de ma patrie, si le ciel
me destine à y travailler un jour, je me ferai un
devoir, vous le savez bien, vous qui me connaissez,
d'appeler tous les hommes de cœur, de bonne volonté,
d'intelligence et de talent, sans distinction de partis, à
concourir avec moi à l'accomplissement de ce grand
ouvrage (1).

Croyez toujours, Monsieur, à toute mon estime et à
ma bien sincère affection. »

HENRY.

(1) Lorsqu'on rapproche l'illustre et glorieux nom de celui qui
traça ces lignes, du nom de l'auteur qui a publié, en 1848, l'ouvrage
intitulé : *de la propriété*, on est pris d'admiration pour la générosité des sentiments exprimés ici avec tant de noblesse. Mais cette
admiration réagit en sens inverse à l'égard de l'homme qui se vit
l'objet d'une si haute indulgence. Si sa plume a bien mérité de la
France, il n'en est que plus fâcheux qu'il n'ait pas élevé ses actes

Frohsdorf, le 15 janvier 1849.

« Il y a peu de jours, Monsieur, l'on vous mandait par mon ordre , que j'approuvais et que je partageais votre manière de voir sur le passé et sur l'avenir. En rendant aujourd'hui justice à votre dévouement, à votre zèle infatigable, et en vous renouvelant ici l'expression de toute ma gratitude, je veux vous dire combien j'approuve la prudence que vous apportez dans vos démarches, et l'utilité de vos relations avec les hommes considérables au milieu desquels vous place naturellement votre situation politique.

L'état présent des affaires et des esprits en France et la marche des événements font pressentir de nouvelles crises. Elles me trouveront prêt à me dévouer tout entier , avec l'aide de Dieu, à l'accomplissement des devoirs que m'imposent les droits que je tiens de ma naissance ; mais ces droits, je ne les ferai jamais valoir que dans l'intérêt de ma patrie , et pour la sauver des déchirements et des périls extrêmes dont elle est menacée ; car *mon règne ne saurait être ni la ressource ou l'œu-*

à la hauteur de ses écrits. Pourquoi faut-il qu'il nous offre un nouvel exemple de la différence existant entre l'écrivain habile qui veut le succès de son livre, et le patriote dévoué qui veut le bien de son pays ? *L'auteur* avait pu racheter les torts de *l'homme politique* et lui mériter un généreux oubli de son passé ; il avait pu capter autour de lui d'honorables suffrages et inspirer une noble confiance aux cœurs trop hauts placés pour croire aux infimes détours d'une coupable diplomatie. Mais *l'homme politique* ne vient-il pas récemment de faire perdre à *l'auteur* tout ce qu'il avait acquis ?

vre d'une intrigue, ni la domination exclusive d'un parti.

Vous connaissez, Monsieur, mes sentiments et mes intentions à l'égard des membres de ma famille, comme à l'égard des hommes que leur haute probité et leur capacité éprouvée appellent à rendre au pays d'éminents services. Je vous autorise à donner en mon nom l'assurance que l'on me verra toujours disposé et résolu à prendre toutes les mesures qui, en se conciliant avec les droits de la couronne, la dignité du gouvernement, la stabilité et la grandeur des institutions politiques, favoriseront le développement des libertés et des intérêts généraux, et feront surtout régner cet esprit de paix et d'union entre tous les Français, qui est ma plus chère pensée.

Je vous renouvelle, Monsieur, l'assurance de ma bien sincère et constante affection. »

HENRY.

On le voit, le prince n'a jamais compris que s'il était appelé à régner, son règne dût être celui *d'un parti* ; mais nous le disons aussi, nous le disons hautement et avec certitude, la pensée généreuse qui ressort de chacune de ces paroles s'applique uniquement à ceux qui vont au devant d'elle, qui la méritent et qui ambitionnent de s'en rendre de plus en plus dignes. Nul, nous pouvons l'affirmer, ne sait mieux que le comte de Chambord *que l'on ne scaurait estre bon si l'on n'est sévère aux méchants.* (*Montaigne.*)

Lyon.— Imp. de DUMOULIN et RONET, rue St Côme, 6.